Meine Lieblingsrezepte

Meine Lieblingsrezepte

Köchin/Koch:

_____

Bibliografische Information der Deutschen Nationalbibliothek:
Die Deutsche Nationalbibliothek verzeichnet diese Publikation in der Deutschen
Nationalbibliografie; detaillierte bibliografische Daten sind im Internet
über http://dnb.d-nb.de abrufbar

Herstellung und Verlag: Books on Demand GmbH, Norderstedt

ISBN: 9783842366145

Inhaltsverzeichnis:

_____ 20

_____ 21

_____ 22

_____ 23

_____ 24

_____ 25

_____ 26

_____ 27

_____ 28

_____ 29

_____ 30

_____ 31

_____ 32

_____ 33

_____ 34

_____ 35

_____ 36

_____ 37

_____ 38

_____ 39

_____ 40

_____ 41

_____ 42

_____ 43

_____ 44

_____ 45

_____ 46

_____ 47

_____ 48

_____ 49

_____ 50

_____ 51

_____ 52

_____ 53

_____ 54

_____ 55

_____ 56

_____ 57

_____ 58

_____ 59

_____

Zutaten:

_____

_____

_____

_____

_____

Zubereitung:

_____

_____

_____

_____

_____

_____

_____

_____

_____

_____

Zutaten:

_____

_____

_____

_____

_____

Zubereitung:

_____

_____

_____

_____

_____

_____

_____

_____

_____

_____

Zutaten:

_____
_____
_____
_____
_____

Zubereitung:

_____
_____
_____
_____
_____
_____
_____
_____
_____

_____

Zutaten:

_____

_____

_____

_____

_____

Zubereitung:

_____

_____

_____

_____

_____

_____

_____

_____

_____

_____

Zutaten:

_____
_____
_____
_____
_____

Zubereitung:

_____
_____
_____
_____
_____
_____
_____
_____

_____

Zutaten:

_____

_____

_____

_____

_____

Zubereitung:

_____

_____

_____

_____

_____

_____

_____

_____

_____

_____

Zutaten:

_____

_____

_____

_____

_____

Zubereitung:

_____

_____

_____

_____

_____

_____

_____

_____

_____

_____

Zutaten:

_____
_____
_____
_____
_____

Zubereitung:

_____
_____
_____
_____
_____
_____
_____
_____
_____

_____

Zutaten:

_____

_____

_____

_____

_____

Zubereitung:

_____

_____

_____

_____

_____

_____

_____

_____

_____

Zutaten:

_____

_____

_____

_____

_____

Zubereitung:

_____

_____

_____

_____

_____

_____

_____

_____

_____

_____

Zutaten:

_____

_____

_____

_____

_____

Zubereitung:

_____

_____

_____

_____

_____

_____

_____

_____

_____

_____

Zutaten:

_____

_____

_____

_____

_____

Zubereitung:

_____

_____

_____

_____

_____

_____

_____

_____

_____

Zutaten:

_____

_____

_____

_____

_____

Zubereitung:

_____

_____

_____

_____

_____

_____

_____

_____

_____

Zutaten:

_____

_____

_____

_____

_____

Zubereitung:

_____

_____

_____

_____

_____

_____

_____

_____

Zutaten:

_____

_____

_____

_____

_____

Zubereitung:

_____

_____

_____

_____

_____

_____

_____

_____

_____

_____

Zutaten:

_____
_____
_____
_____
_____

Zubereitung:

_____
_____
_____
_____
_____
_____
_____
_____
_____

_____

Zutaten:

_____

_____

_____

_____

_____

Zubereitung:

_____

_____

_____

_____

_____

_____

_____

_____

_____

Zutaten:

_____
_____
_____
_____
_____

Zubereitung:

_____
_____
_____
_____
_____
_____
_____
_____

_____

Zutaten:

_____
_____
_____
_____
_____

Zubereitung:

_____
_____
_____
_____
_____
_____
_____
_____

_____

Zutaten:

_____

_____

_____

_____

_____

Zubereitung:

_____

_____

_____

_____

_____

_____

_____

_____

_____

Zutaten:

_____

_____

_____

_____

_____

Zubereitung:

_____

_____

_____

_____

_____

_____

_____

_____

_____

Zutaten:

_____

_____

_____

_____

_____

Zubereitung:

_____

_____

_____

_____

_____

_____

_____

_____

_____

_____

Zutaten:

_____

_____

_____

_____

_____

Zubereitung:

_____

_____

_____

_____

_____

_____

_____

_____

_____

_____

Zutaten:

_____

_____

_____

_____

_____

Zubereitung:

_____

_____

_____

_____

_____

_____

_____

_____

_____

_____

Zutaten:

_____

_____

_____

_____

_____

Zubereitung:

_____

_____

_____

_____

_____

_____

_____

_____

_____

Zutaten:

_____

_____

_____

_____

_____

Zubereitung:

_____

_____

_____

_____

_____

_____

_____

_____

Zutaten:

_____

_____

_____

_____

_____

Zubereitung:

_____

_____

_____

_____

_____

_____

_____

_____

_____

Zutaten:

_____

_____

_____

_____

_____

Zubereitung:

_____

_____

_____

_____

_____

_____

_____

_____

_____

_____

Zutaten:

_____
_____
_____
_____
_____

Zubereitung:

_____
_____
_____
_____
_____
_____
_____
_____
_____

_____

Zutaten:

_____
_____
_____
_____
_____

Zubereitung:

_____
_____
_____
_____
_____
_____
_____
_____

_____

Zutaten:

_____

_____

_____

_____

_____

Zubereitung:

_____

_____

_____

_____

_____

_____

_____

_____

_____

Zutaten:

_____

_____

_____

_____

_____

Zubereitung:

_____

_____

_____

_____

_____

_____

_____

_____

Zutaten:

Zubereitung:

_____

Zutaten:

_____

_____

_____

_____

_____

Zubereitung:

_____

_____

_____

_____

_____

_____

_____

_____

Zutaten:

_____

_____

_____

_____

_____

Zubereitung:

_____

_____

_____

_____

_____

_____

_____

_____

_____

Zutaten:

_____

_____

_____

_____

_____

Zubereitung:

_____

_____

_____

_____

_____

_____

_____

_____

_____

Zutaten:

Zubereitung:

_____

Zutaten:

_____

_____

_____

_____

_____

Zubereitung:

_____

_____

_____

_____

_____

_____

_____

_____

_____

_____

Zutaten:

_____

_____

_____

_____

_____

Zubereitung:

_____

_____

_____

_____

_____

_____

_____

_____

_____

_____

Zutaten:

_____

_____

_____

_____

_____

Zubereitung:

_____

_____

_____

_____

_____

_____

_____

_____

_____

_____

Zutaten:

_____
_____
_____
_____
_____

Zubereitung:

_____
_____
_____
_____
_____
_____
_____
_____
_____

_____

Zutaten:

_____

_____

_____

_____

_____

Zubereitung:

_____

_____

_____

_____

_____

_____

_____

_____

_____

_____

Zutaten:

_____

_____

_____

_____

_____

Zubereitung:

_____

_____

_____

_____

_____

_____

_____

_____

_____

Zutaten:

_____

_____

_____

_____

_____

Zubereitung:

_____

_____

_____

_____

_____

_____

_____

_____

_____

_____

Zutaten:

_____

_____

_____

_____

_____

Zubereitung:

_____

_____

_____

_____

_____

_____

_____

_____

Zutaten:

_____

_____

_____

_____

_____

Zubereitung:

_____

_____

_____

_____

_____

_____

_____

_____

_____

Zutaten:

_____

_____

_____

_____

_____

Zubereitung:

_____

_____

_____

_____

_____

_____

_____

_____

_____

_____

Zutaten:

_____

_____

_____

_____

_____

Zubereitung:

_____

_____

_____

_____

_____

_____

_____

_____

_____

Zutaten:

_____
_____
_____
_____
_____

Zubereitung:

_____
_____
_____
_____
_____
_____
_____
_____
_____

_____

Zutaten:

_____

_____

_____

_____

_____

Zubereitung:

_____

_____

_____

_____

_____

_____

_____

_____

Design:
Jasmin Petra Wenzel